≡ご挨拶≡

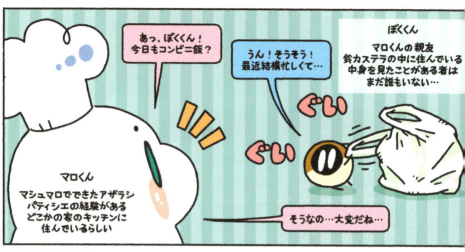

CONTENTS

- 2 ご挨拶
- 6 レシピを作る前に

1章 味付け冷凍&冷蔵おかずのレシピ

- 8 楽チン！ 冷凍&冷蔵調理
- 10 チリケチャップチキン
- 11 レモンマリネチキン
- 12 冷凍調理でやわやわ！ 梅しそ手羽元！
- 14 鶏肉ふわふわのガーリックティッカ！
- 16 冷蔵庫でお肉やわらか〜なヨーグルト味噌鶏！
- 18 冷蔵庫&炊飯器で！ 鶏もも肉のコンフィ
- 20 魚介&野菜の冷凍レシピ
  ぱぱっと！ 冷凍トマトスープ／しじみチヂミ
  小松菜としいたけの白和え／にんじんとしじみの炊いたん
  ブロッコリーのミモザサラダ
- 24 **COLUMN1** 冷蔵して美味しい栗ご飯

2章 お手軽&お手頃な肉のレシピ

- 26 ふわふわ〜シャキシャキな鶏のみぞれ煮！
- 28 ガーリックバターチキン
- 29 ハニーマスタードチキン
- 30 揚げずにヘルシ〜！ お肉やわやわ油淋鶏！
- 32 フライパンでお手軽！ 手羽元のローストチキン
- 34 食べごたえばっちり！ ふわふわ豆腐ハンバーグ
- 36 ジュワッと旨みがあふれる油揚げの鶏ギョーザ
- 38 えっ、お水でジューシー!? 絶品鶏の唐揚げ！
- 40 ふわふわトロトロ〜な豚ニラ玉!!!
- 42 シャキシャキとろ〜ん！ 豚肉のレタス巻き！
- 44 レンジで5分!? お手軽小籠包！
- 46 豚肉で絶品！ レモンバジルソーセージ
- 48 **COLUMN2** おでんの翌日に！

3章 とっっっても簡単な魚介のレシピ

50　魚介をもっと美味しく！

- 52　ふっくら〜旨みたっぷりあさりの酒蒸し
- 54　いしもちで簡単！ アクアパッツァ！
- 56　炭酸でやわらかい〜タコと里芋の煮物
- 58　思わず叫ぶ美味しさ！ 牡蠣のバターソテー
- 60　にんにくの香りで食欲UP！ アジの南蛮漬け！
- 62　**COLUMN3** 高野豆腐のレシピ

4章 毎日食べたいヘルシーな野菜レシピ

- 66　アボカドわさび混ぜ豆腐
- 67　ヘルシー濃厚カプレーゼ
- 68　絶品！ 枝豆のペペロンチーノ
- 69　野菜で!? 中華クラゲもどき
- 70　もちもちシャクシャク！ レンコン大根もち！
- 72　ナス＋塩で!? ヘルシー麻婆ナス！
- 74　レンジですぐできる！ お手軽な茶碗蒸し！
- 76　**COLUMN4** 作り置きの小鉢レシピ

5章 やっぱり大好き！ ご飯のレシピ

- 78　5分でできる明太とろろ丼
- 79　Wビールでチキンクミンご飯
- 80　え!? 豆腐で新食感!? ふわふわオムライス！
- 82　とっても簡単＆ヘルシー！ ビーフストロガノフ！
- 84　**COLUMN5** ヘルシースイーツ

6章 フライパンで作るパンのレシピ

88　週末にパンを作ろう！

- 90　肉汁た〜っぷりなフライパンDE肉まん
- 92　カリッ！ モチッ！ イースト菌不使用カルツォーネ
- 94　豆腐でもちもちヘルシー野沢菜おやき！

1章 味付け

冷凍&冷蔵おかずのレシピ

なんと冷凍&冷蔵することで
日持ちするだけじゃなく、
肉も魚も野菜も美味しくなる!?

楽チン！冷凍＆冷蔵調理

チリケチャップチキン

材料 (2人分)

- 鶏むね肉…1枚
- 玉ねぎ…1/2個
- A
  - ケチャップ…大さじ3
  - にんにく(すりおろし)、酒、しょうゆ、オリーブオイル…各小さじ1
  - 砂糖…小さじ1/2
  - 塩、こしょう…各少々
- 油…少々
- 酒…大さじ2
- タバスコ、バジル(乾燥)…各好みで

1 鶏肉を一口サイズの削ぎ切りに、玉ねぎは1〜2cm幅に切ってね。鶏肉、玉ねぎ、Aを密閉式保存袋に入れてもみ込んだら、冷凍庫に入れて半日〜1日凍らせよう！ 調理する半日前くらいに冷蔵庫にうつして、自然解凍してね〜。

わーーーっ
ぼくもモミモミしたい〜！

保存期間は2週間〜1カ月を目安にしてね！
モミ

2 フライパンを熱して油を薄くひき、1を入れ、中火で焼き色がつくまで炒める。酒を加えたら弱火にしてふたをし、2分間蒸し焼きにしよう！ふたを取り、好みでタバスコを加えて煮詰め、バジルをふれば完成!!!

ンンンまい〜!!!

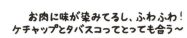
お肉に味が染みてるし、ふわふわ！
ケチャップとタバスコってとっても合う〜
チーズを散らしても美味しいっっ

もぐもぐ

ジャーン

レモンマリネチキン

材料（8本／2〜3人分）

- 鶏手羽元…8本
- A
  - レモン汁…大さじ1
  - オリーブオイル…小さじ2
  - にんにく(すりおろし)…小さじ1
  - 塩…小さじ1/2
  - 粗びき黒こしょう…少々
  - バジル(乾燥)…適量
- 油…少々
- 酒…大さじ2

1 手羽元の分厚い部分1か所に切り込みを入れ、軽く肉を開いたら、密閉式保存袋に入れてAを加え、もみ込む。冷凍庫に入れて半日〜1日凍らせて、調理する半日前くらいに冷蔵庫にうつして、自然解凍！

2 フライパンを熱して油を薄くひき、1を入れ、中火で焼き色がつくまで炒める。酒を加えたら弱火にしてふたをし、3分間蒸し焼きにしよう！ふたを取って、水気が残っていたらとばしてね！ これで完成〜！

レモン汁とオリーブオイルに一緒につけて冷凍することでちゃんとマリネになる！
さっぱり＆さわやか〜っ

冷凍調理でやわやわ！梅しそ手羽元！

材料（8本／2〜3人分）
- 鶏手羽元…8本
- 梅干し…正味30g
- 大葉…5枚
- A
  - 酒、みりん…各大さじ1
  - しょうゆ…大さじ1/2
  - 生姜(すりおろし)…小さじ2
- 油…適量
- 酒…大さじ2

1

手羽元の分厚い部分1か所に切り込みを入れ、軽く肉を開いておこう！

手羽元は安定しにくいから手を切らないように注意！
味も染みやすいし、解凍も早いし火の通りも良くなるんだ〜！

梅干しは種を取り除いて叩き、大葉は千切りにしておいてね。

はちみつ梅ではなく酸っぱめしょっぱめのものを使用してね〜！

2

密閉式保存袋に手羽元、梅干し、大葉、Aを入れてもみ込む。冷凍庫に入れて半日〜1日凍らせて、調理する半日前くらいに冷蔵庫にうつして、自然解凍してね。

美味しさのポイントは、急速冷凍＆じっくり解凍！
早く凍らせるにはアルミのトレーに肉をのせると良いよ

解凍時に、急激に温度変化を与えると肉の中の細胞が壊れて美味しさが損なわれてしまうんだ…
一番良い方法は氷水につけての解凍だけど少し面倒

そこで、冷蔵庫に入れてのじっくり解凍！
少し時間はかかるけど、入れておくだけだから楽チンだ

常温＆電子レンジ解凍はできるだけ避けて〜っ

3

フライパンを熱して油をひき、2を入れ、中火で焼き色がつくまで炒める。酒を加えたら弱火にしてふたをし、3分間蒸し焼きにしよう！ふたを取って、水気が残っていたらとばして、完成〜！

千切り生姜を加えて炒めても美味しいよ

・。豆知識。・

あれ…？普通に調理した時より冷凍した肉の方が、味が染みて美味しい気がする！！！

もぐもぐ

それじゃあ、今後は肉を買って全部冷凍しようっと♪

ん〜〜〜！悔しい！
秘訣は下味をつけてから冷凍するってことなんだ！

おおおーその通り！

【買った肉をそのまま冷凍する】

空気　酸化　空気　酸化　空気　酸化　空気

・酸化して味が劣化
・冷凍庫の匂いが移る
・旨み成分が破壊される

先に味をつけておけば解凍してチャチャッと炒めるだけで一品ができちゃうから楽チン！忙しい人にはもってこいだね！

【下味をつけてから冷凍する】

空気　調味料　空気

・調味料でコーティングされるので酸化しないし、旨みたっぷり
・味がよく染みる
・お肉がふっくら仕上がる

なるほどっっ

鶏肉ふわふわのガーリックティッカ！

材料 (2人分)

- 鶏むね肉…1枚
- A
  - ヨーグルト…60g
  - マヨネーズ…30g
  - はちみつ…大さじ1
  - カレー粉…小さじ1と1/2
  - にんにく(すりおろし)…小さじ1
  - 塩…小さじ1/4
  - 粗びき黒こしょう…少々
- 油…少々
- 酒…大さじ2
- レモン汁…好みで

1

まず、鶏肉を一口サイズの削ぎ切りにしてね。

削ぎ切りとは、包丁をななめにして肉を薄く切ることだよ〜!!

切った鶏肉を密閉式保存袋に入れたら、Aを加え、まんべんなくもみ込むよ。冷蔵庫に入れて、半日〜1日つけておこう！

モミモミタ〜イム！

ゆっくりおやすみ…
美味しくな〜れ！
美味しくな〜れ！

2

鶏肉を取り出し、軽くキッチンペーパーでタレを拭き取る。フライパンを熱して油をひき、焼いていくよ。

タレを適度に取ってあげないと焼いているうちに焦げちゃうんだ！

はじめは強火で皮目→反対側の順に焼き、焼き色をつけよう。そこに酒を加えてふたをし、2分間蒸し焼きにしてね。ふたを取り、残った水分をとばして完成！

皿に盛り、好みでレモン汁を回しかけて〜！

鶏のもも肉で作ってもジューシーで美味しいよ

んんん〜！フワッフワッ！

豆知識

ぼくくん！ぼくくん！実は切り方によって、よりむね肉がやわらかく仕上がるって知ってた？

えええ！ナニソレ！知らなかった〜っっ

ほら！むね肉を観察してみて？部位によって繊維の方向が違っているのがわかるかな？

鶏むね肉は、繊維方向で見るとこの3つに切り分けることができる

あっ！本当だ！

へーっ！

フムフム…でも、それとやわらかくなるのと、どう関係が？

肉は加熱すると一気に縮み、肉汁が外に流れ出る…だからパサパサになったりかたくなったりするんだっ！！

それを少しでも防ぐため、図のように、繊維に対して垂直に包丁を入れてあげると肉の長〜い繊維が断ち切られ、加熱後も肉がやわらかく仕上がるよ！

なるほど〜！！

ポークソテーなどの筋切りも肉の長い繊維を切ってかたくなるのを防いでいるんだ

冷蔵庫でお肉やわらか〜な ヨーグルト味噌鶏！

材料 (2人分)

- 鶏むね肉…1枚
- A
  - ヨーグルト…100g
  - 味噌…50g
- 油…少々
- エリンギ…1パック
- 酒…大さじ1
- 青ねぎ…適量

1 鶏肉にフォークで両面から数か所穴を開けよう。ビニール袋にAと鶏肉を入れて、半日〜1日冷蔵庫に入れておくよ。

わ〜っ！ わ〜っ！

このヨーグルトが美味しさの秘訣！

鶏肉を袋から取り出し、タレをキッチンペーパーで丁寧に拭き取る。フライパンを熱して油をひき、鶏肉を皮目から焼いていこう！

お肉をつけていたヨーグルト味噌はまだ使うから捨てちゃダメ！

冷蔵庫＆炊飯器で！鶏もも肉のコンフィ

材料（2人分）

- 鶏もも肉…1枚
- A
  - にんにく（すりおろし）…小さじ1
  - 塩…小さじ1/3
  - ローリエ…2枚
  - ローズマリー…適量
- オリーブオイル…適量

1

鶏肉を半分に切ろう。
余分な脂も切り落としてね。

鶏もも肉の周囲にはみ出している脂や黄色い脂を
包丁で取り除くことで格段に美味しくなるよ！
鶏もも肉の余分な脂は臭みの原因になるんだ〜！

へ〜っ！

耐熱の密閉式保存袋に鶏肉とAを入れて、軽くもみ込み、冷蔵庫に入れて半日〜1日つけておこう。

密閉式保存袋やポリ袋は、耐熱温度が
100℃以上のものを使用してください！
耐熱温度が低いと破れてしまうことがあるんだ…

2

1にオリーブオイルを肉が浸るくらい入れ、空気を抜き、袋を閉じる。袋ごと別の密閉式保存袋に入れて二重にして、炊飯釜に入れ、沸かした湯を肉が浸るくらいまで注ぐよ。炊飯器に入れたら3〜4時間保温で加熱しよう！

たんぱく質は58℃から60℃前後でかたまり
68℃以上になると、どんどん肉汁が逃げちゃう！
そこで炊飯器の保温機能を使って低温でゆっくり熱を通すと…
なんと！やわらかくてジューシーなお肉に仕上がるんだ！

そのままでも食べられるけど、皮目から表面をパリッと焼けば、より美味しくなるよ〜！

アレンジでンンンまい〜！

砂肝のコンフィ

砂肝(400g)の下処理をしたらあとは鶏もも肉のコンフィと同様に作ってね〜っ！
ローズマリーの代わりにバジルを適量入れても！

ぼく流 砂肝のさばき方

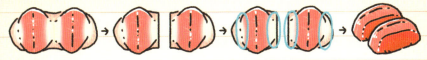

砂肝があります → 半分に切ります → 青白い部分がかたい筋なので切り落とします → 完成！

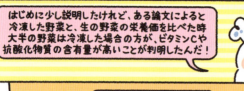

魚介 & 野菜の冷凍レシピ

はじめに少し説明したけれど、ある論文によると冷凍した野菜と、生の野菜の栄養価を比べた時、大半の野菜は冷凍した場合の方が、ビタミンCや抗酸化物質の含有量が高いことが判明したんだ！

結構UPするね！

意外！

それに加えて、美味しさがUPする野菜もあるんだよ

わっ！すごい！でも何を冷凍したらいいかわからないや…

そもそも、冷凍後の調理方法も知らない！

それじゃあ、おすすめ食材を6つピックアップしてそれらを使った栄養満点美味しさたっぷりレシピを教えちゃうよ！

わーい！それならぼくにもできそう！

オススメ冷凍食材！

トマト

潰してピューレやスープ、トマトソースに使いやすい！

トマトじゃない
トマトじゃない

保存期間：約1カ月

冷凍後の栄養：冷蔵と冷凍では栄養価に変化はないが、数日冷蔵保存すると水分が抜けて、旨み・鮮度が失われてしまうので冷凍がオススメ！

冷凍方法：キレイに洗い、ヘタを取って水気をきったら、空気に触れないよう密閉式保存袋等に入れ、丸ごと急速冷凍！凍ったまま水につけるだけで皮が簡単に剥けるので調理も楽チン！

メモ：トマトの赤色＝リコピン（色素）には、β-カロテンやビタミンEより何倍もの活性酸素を減らす効果があ また、免疫力UPに役立ち、脂肪燃焼効果もあるといわれている

小松菜

自然解凍後、ぎゅっと水気をしぼれば、おひたしが完成！

オー…

保存期間：約1カ月

冷凍後の栄養：ビタミンCが増加

冷凍方法：水洗いしたら、お好みの大きさにカット！空気に触れないように密閉式保存袋等に入れて急速冷凍

メモ：冷凍すると細胞が壊れるので、解凍するだけで茹でたのと同じ状態に！また、通常茹でると流れてしまう栄養もそのまま食べることができる

保存期間：約1カ月
冷凍後の栄養：β-カロテンが2倍、ルテインが3倍
　　　　　　　ビタミンCとポリフェノールも増加
冷凍方法：好みの大きさにカットして、お湯で20秒程さっと茹でる
　　　　　冷ましてしっかり水気をきり、空気に触れないように密閉式保存袋等に入れて急速冷凍！
メモ：にんじんは湿気に弱く、冷蔵庫で保存する時も、新聞紙などで包んだほうが良いデリケートな野菜！
　　　また、りんごやアボカドなどのエチレンガスが出る食材と一緒にしておくと、苦味が出やすく
　　　なってしまうので、冷凍保存向き！

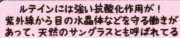

保存期間：約1カ月
冷凍後の栄養：β-カロテンは約4倍、ルテインやビタミンCも増加
冷凍方法：好みの大きさにカットして、お湯で〜1分程かために茹でる
　　　　　冷ましてしっかり水気をきり、空気に触れないように密閉式保存袋等に入れて急速冷凍！
メモ：生だと黄色く変色しやすく、日持ちがしないブロッコリーは冷凍にとても適した食材！
　　　食卓に彩りを添えるためのチョット使いに便利！

ブロッコリーの茎にも栄養が
たっぷり！捨てないで！

保存期間：約1カ月
冷凍後の栄養：アスパラギン酸、グルタミン酸、グアニル酸
　　　　　　　などのアミノ酸が3倍に増加！
　　　　　　　いずれも旨み成分なのでより美味しくなる
　　　　　　　アスパラギン酸は疲労回復効果がある
冷凍方法：洗わずに、キッチンペーパーで汚れを落とし、石づきを取り、好みの大きさにカット！
　　　　　空気に触れないように密閉式保存袋等に入れて急速冷凍
メモ：同様にナメコも美味しく冷凍できる！エノキ・舞茸は旨みや香りがUPするものの、やわらかくなって
　　　食感が悪くなってしまう！エリンギ・ぶなしめじは特にやわらかくなるが、刻んで使うなら食感を気に
　　　しなくて良いので GOOD！

冷凍すると、きのこの細胞壁が
壊れて、栄養素や味が溶け出し
やすくなるから栄養&美味しさがUP

保存期間：約1カ月
冷凍後の栄養：肝臓で活躍するアミノ酸の「オルニチン」が4〜8倍！
　　　　　　　また、細胞が冷凍することで壊れ、旨み成分も出やすくなる
冷凍方法：よく洗い、砂抜きをしてから使う分ずつ密閉式保存袋等に入れて冷凍！
　　　　　アルミトレーにのせずに、穏やかに冷凍した方が栄養価が増加する
メモ：オルニチンは血液に溶け込んだ状態で体内を巡っていて、肝臓の働きを
　　　助けてくれるので、二日酔いを予防したり、疲労回復に効果がある！

凍ったまま、ぽちゃんと
汁物等に入れて使える！

次のページから、この6品を使って調理していくよ〜！

ぱぱっと！冷凍トマトスープ

(1～2人分)

① 小鍋に油を適量ひき、短冊切りにしたベーコン2枚とスライスしたにんにく1片を炒める

あらかじめ玉ねぎをみじん切りにして冷凍しておき、①に適量加え一緒に炒めても美味しくできるっっ

冷凍しておくと、あっという間に玉ねぎがキツネ色になるよ！

② 香りが出てきたら、ざく切りにした冷凍トマト1個（150～200g）を加えて更に炒めていく

トマトは包丁で切れるかたさまで室温で解凍しておくといいよ

③ ②にAを加えて煮たら、塩で味を調える

A
- 冷凍しいたけ2個（スライス）
- 水100cc
- コンソメ1/2個
- 粗びき黒こしょう少々

ピザ用チーズを加えてひと煮立ちさせても！

④ パセリを散らして完成

しじみチヂミ

(1～2人分)

① 小鍋に水80ccと、冷凍しじみ200gを加え貝が開くまで煮たら、煮汁と貝を分ける
しじみは、殻と身を分けておく

しじみから出た汁にたくさんの旨み&栄養があるから捨てちゃダメ！

② ①の煮汁が冷めたらボウルに入れ、Aを加えてよく混ぜる

A
- 片栗粉30g
- 小麦粉40g
- 冷凍小松菜1/2束（ざく切り）
- 冷凍にんじん1/4本（千切り）
- 塩小さじ1/2
- ①のしじみの身

一度生地を裏返してからごま油を再度回しかけるとカリッと仕上がる～！

③ フライパンを温め、ごま油をひいたら②の生地を流し、両面カリッと焼く

④ チヂミを食べやすい大きさにカットして皿に盛る
Bを混ぜたタレをつけて召し上がれ

B
- しょうゆ大さじ1・1/2
- 酢大さじ1/2
- 砂糖小さじ1
- コチュジャン小さじ1
- ラー油適量

小松菜としいたけの白和え

(1〜2人分)

① 絹ごし豆腐150gはキッチンペーパーに包み、
電子レンジで1分半チンして水気をきっておく

にんじん⅓本(千切り)と、しいたけ2個(スライス)は皿にのせ
電子レンジで1分チン!

冷凍小松菜(ざく切り)は常温解凍して手で水気をしぼっておく

② ボウルに①の豆腐と、野菜、Aを加えてよく混ぜる

A ｛ 味噌大さじ½
　　だしの素小さじ½
　　砂糖小さじ½

③ 冷蔵庫に入れて冷やしたら完成〜

レンジを使うとこんなに早く水切りができるんだね!

にんじんとしじみの炊いたん

(2〜3人分)

① 小鍋に水150ccと、冷凍しじみ500gを加え
貝が開くまで煮たら、貝を取り出す
しじみは、殻と身を分けておく

② ①の鍋にAを加え、味がなじむまで煮れば完成

A ｛ ①のしじみの身
　　冷凍にんじん⅓本(千切り)
　　冷凍しいたけ2個(スライス)
　　油揚げ1枚(細切り)
　　生姜50g(千切り)
　　めんつゆ大さじ3
　　みりん大さじ2
　　砂糖小さじ1

炊いたんは、京言葉で煮たものという意味だよ

ご飯にすごく合う〜
常備菜にもってこい!

ブロッコリーのミモザサラダ

(1〜2人分)

① 冷凍ブロッコリー½株を、電子レンジ
または熱湯でサッと茹でて、解凍する

② 鍋に、卵がかぶるくらいの水を入れ、中火にかける
沸騰したら10分茹で、卵を取り出し流水にあてながら殻を剥く

③ 卵黄と卵白に分け、卵黄はフォークで細かく潰し
卵白は包丁で粗みじん切りにする

④ 皿にブロッコリー、卵白、卵黄の順にのせ
好きなドレッシングやマヨネーズをかけて召し上がれ〜

お好みで、カリカリに焼いた
ベーコンを加えても!

シーザードレッシングにしよう〜っと!

COLUMN1
冷蔵して美味しい栗ご飯

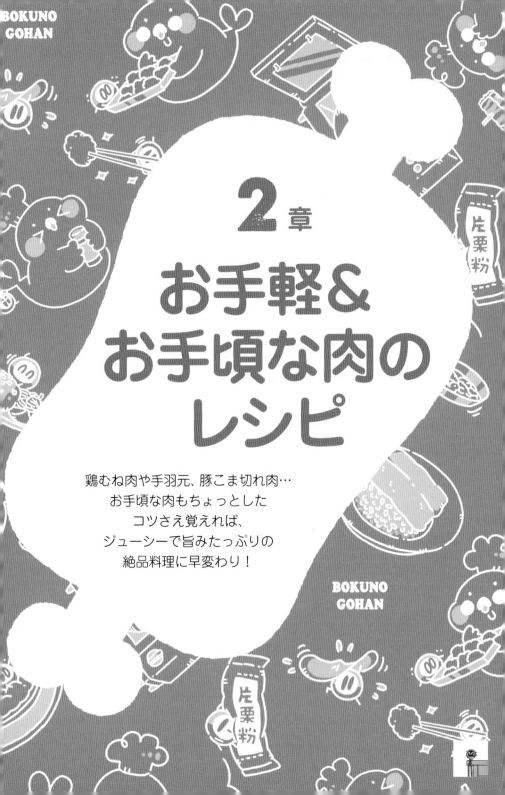

2章 お手軽＆お手頃な肉のレシピ

鶏むね肉や手羽元、豚こま切れ肉…
お手頃な肉もちょっとした
コツさえ覚えれば、
ジューシーで旨みたっぷりの
絶品料理に早変わり！

ふわふわ〜シャキシャキな鶏のみぞれ煮！

材料（2人分）

- 大根…350g
- レンコン…150g
- 鶏むね肉…1枚
- 塩、こしょう…各少々
- 片栗粉…大さじ3
- 油…適量
- 酒…大さじ2
- A
  - しょうゆ、みりん…各大さじ2
  - 砂糖…小さじ1
  - だしの素…小さじ1/2
  - 水…50cc
- 三つ葉、一味唐辛子…各好みで

1

大根をすりおろして、ザルにあげておこう！
レンコンは食べやすい大きさに切るよ。

大根おろしの水気をきっている時間がない場合は、手で軽くキュッ！としぼればOKだよ〜！

ぼくで試さないでよ!!
イテテテテテテ!!

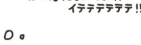

鶏肉を一口サイズの削ぎ切りにしたら、塩、こしょうをして、片栗粉をまんべんなくまぶしてね。

2 さあ、フライパンに油をひき、鶏肉とレンコンを焼いていくよ！強火で両面に焼き色をつけたら、酒を加えて弱火にしてふたをし、2分間蒸し焼きに。火が通ったら取り出してね。

フライパンに **A** を入れて加熱しよう。

3 グツグツしてきたら、**2**の鶏肉とレンコンを戻し入れて、ひと煮立ち！　そこに**1**の大根おろしと、好みで三つ葉、一味唐辛子を加えて、なじませれば完成だよ〜！

片栗粉で鶏肉をコーティングしてあるから、旨みと水分を逃さずふわふわ＆ジューシー！！！！！！

肉の片栗粉で、自然ととろみがついたタレになるのも良いよね〜

※良い子は投げ入れちゃいけません

豆知識

ガーリックバターチキン

材料 (2人分)

- 鶏むね肉…1枚
- 塩、こしょう…各少々
- 片栗粉…大さじ3
- 長ねぎ…1本
- 油…適量
- 酒…大さじ2
- A
  - にんにく(みじん切り)…2片
  - しょうゆ、みりん、酒…各大さじ1
- バター…大さじ1
- レタス…適量
- レモン…好みで

1 鶏肉を一口サイズの削ぎ切りにしたら、塩、こしょうをして、片栗粉をまんべんなくまぶそう。長ねぎは食べやすい大きさに切るよ。フライパンに油をひき、鶏肉と長ねぎを入れ、強火で両面焼く。酒を加えてふたをして、弱火で2分間蒸し焼きに!

削ぎ切りにしたほうが火の通りが早いし均一に入るんだよね〜?

2 にんにくはチューブでもOK！小さじ2入れてねっっ

よく混ぜ合わせたAを加え、絡ませたらバターを加えて溶かし、全体になじませて火を止めよう。

ちぎったレタスを敷いた皿に盛り付ければ、完成〜！

お好みでレモンを回しかけてもさっぱりして美味しいよ

ハニーマスタードチキン

材料 (2人分)
- 鶏むね肉…1枚
- 塩、こしょう…各少々
- 片栗粉…大さじ3
- 油…適量
- 酒…大さじ2
- A
  - 粒マスタード…大さじ2
  - しょうゆ、はちみつ、酒…各大さじ1
  - レモン汁…小さじ2
- アボカド、サニーレタス、トマト…各好みで

1 鶏肉を一口サイズの削ぎ切りにしたら、塩、こしょうをして、片栗粉をまんべんなくまぶそう。フライパンに油をひき、強火で両面焼く。酒を加えてふたをして、弱火で2分間蒸し焼きに！

ぼくははじめから焦げ目がついているから焼かなくてもいいんだけど…？？？

2 よく混ぜ合わせたAを加え、絡ませたら完成！ 好みでアボカドやサニーレタス、トマトを添えてね〜。

はちみつって鶏肉に合うのか不安だったけれどとっても美味しいねっ！

あれ…なんか痛い気がする…

揚げずにヘルシ〜！
お肉やわやわ油淋鶏！

材料 (2人分)

- 鶏むね肉…1枚
- 塩、こしょう…各少々
- 片栗粉…大さじ3
- ごま油…適量
- 酒…大さじ1
- A
  - 長ねぎの白い部分（みじん切り）…1/2本
  - しょうゆ、酢…各大さじ2
  - 砂糖、ごま油…各大さじ1
  - 生姜、にんにく（みじん切り）…各小さじ1
  - 一味唐辛子…好みで
- レタス…適量

1

鶏肉を一口サイズの削ぎ切りにしたら、塩、こしょうをして、片栗粉をまんべんなくまぶそう！

肉に片栗粉をまぶしたらできるだけ早く焼き始めよう！

肉から水分が出てくるから上手く片栗粉がくっつかなかったりコーティングが剥がれやすくなる！

フライパンにごま油をひき、強火で両面焼く。酒を加えてふたをして、弱火で2分間蒸し焼きにしてね。

2

鶏肉を焼いている間にAの材料を混ぜ合わせ、タレを作ろう！

一味が無かったら、七味でもOK！好みの辛さに調節してね！

平皿にレタスを敷いたら、1の鶏肉を盛り付け、その上からAのタレをたっぷりかけて完成っっ！

豆知識

ねえねえ！ぼくくん！実は油淋鶏って、寒い時期にもってこいのレシピって知ってた？

食べ終わった後に言うのもアレなのだけどさ…

エッ！あんまりそうは見えないけれど…

アツアツのスープでもないのに？

油淋鶏のポカポカ食材

ねぎ…アリシンが血行を良くして体を温める
にんにく…アリシンが血行を良くして体を温める
生姜…ジンゲロールが体を温め、免疫力UP！
唐辛子…カプサイシンが体を温める

ねっ？？

特にねぎ、にんにく、生姜は体を温める三大食品と言われているんだよ！

ポカポカ食材を食べるとイメージ的にはこんな感じ！

ポカ　ポカ

すごい〜〜〜〜っっ
これで今年の冬はポカポカになろうっ♪

フライパンでお手軽！手羽元のローストチキン

材料 (10本／3〜4人分)

- 鶏手羽元…10本
- **A**
  - にんにく(すりおろし)…小さじ2
  - 生姜(すりおろし)…小さじ1
  - 塩、こしょう…各少々
- **B**
  - にんにく(薄切り)…1片
  - しょうゆ…大さじ3
  - 酒、みりん…各大さじ2
  - はちみつ…大さじ1〜1と1/2
  - レモン汁…小さじ1
- 油…少々
- レタス、プチトマト…各適量

1

手羽元の分厚い部分1か所に切り込みを入れ、軽く肉を開いておこう！

手羽元は安定しにくいから手を切らないように注意してね!!

ヒッッ……!!
言ってるそばから！

ボウルに手羽元を入れたら、Aを入れてもみ込んでおいてね。

2

Bを混ぜて、タレを作ろう〜！

はちみつは好みに合わせて調節してね！
ぼくは甘めが好きだから大さじ1と½！

3

フライパンをよく熱して油をひき、1の手羽元を皮目から焼いていくよ！
程良く焼き色がついたら2のタレを投入。弱火にし、ふたをして蒸し焼きにしてね。
3分経ったらふたを取り、手羽元にタレを絡めながら煮詰めていこう〜！

だんだんタレにとろみが
ついてきたぞ…っっ

タレの水分がとんできたら火を止めて、ちぎったレタス
を敷いた皿に盛り付け、プチトマトを添えて完成〜っ！

うわーーー！！！
これはご飯がススム！

ちょっ、ちょっと！
こ、米粒！！！

🎀 豆知識 🎀

マロくんに刺されるかと
思ってヒヤヒヤした…

てっきりぼくくんが手羽元を
おさえていてくれると思って！

ごめんごめん〜！わはは！

そもそもなぜ切り込みを
入れる必要があったの？

ふふふ…それはね！

切り開いてぶ厚い部分を
無くすことで早く焼けるし、
熱が均一に入るんだ

それに、生焼けも
防いでくれるっっ

ギャハハ！変な顔！

ナルホド〜！
そういうことだったのか！

食べごたえばっちり！ふわふわ豆腐ハンバーグ

材料（4個／2〜3人分）

- 木綿豆腐…1丁（300g）
- **A**
  - 鶏むねひき肉…200g
  - 玉ねぎ（みじん切り）…1/2個
  - 塩、こしょう、ナツメグ…各少々
- 油…少々
- 酒…大さじ3
- **B**
  - 長ねぎ（みじん切り）…1/2本
  - 生姜（みじん切り）…1片
  - しょうゆ、酢…各大さじ3
  - 砂糖…大さじ1
  - 豆板醤…小さじ1
- レタス、きゅうり、トマト…各好みで

1

木綿豆腐は耐熱皿に入れ、キッチンペーパーでくるみ、電子レンジで2分チンして水気をきろう！　ボウルに入れて**A**を加え、よくこねて…

塩こしょうとナツメグは少し多めがオススメ！ここに、大葉の千切りを好きなだけ入れても美味しい！

キャッチボールはこんな感じ！

材料を4等分してまとめるよ！　両手でキャッチボールするように、タネを手の平に叩きつけ、空気を抜く。小判形に整えたら、真ん中をくぼませてね！

ペシッペシッ

ベト…

ヒーッ!!ヒーッ!!

2

フライパンをよく熱して油をひき、弱火にしてタネをのせる。
ふたをして3分焼いたら裏返し、またふたをして3分焼こう!

ふたを開けたら、酒を投入!
再度ふたをして、2分程蒸し焼きにしよう。

テフロン加工のフライパンなら
少量の油で焼けるよ〜!

酒が無かったら水でもOKだけど
酒のほうがふっくら仕上がって美味しいよ

3

Bを混ぜてソースを作るよ!

辛いものが苦手なら、
豆板醤は抜いてOK〜

ぼくは大好き〜!

たくさんソースをかけて
食べるのがオススメだよっ♪

皿に好みで食べやすい大きさに切ったレタスやきゅうり、
トマトを盛り、ハンバーグをのせ、その上からソースを
かければ完成! アツアツを召し上がれ〜!!

あれっ?
ハンバーグ…

☆ 豆知識 ☆

とってもふかふかで
ジューシーで美味しかった
ごちそうさまでした!

ふっふっふっふ

その美味しさの秘訣は蒸し焼きだよ!
ハンバーグがパサパサになっちゃう
原因の多くは焼いているうちに
肉汁が流れ出たり、蒸発しちゃうこと!

かたくなるのも原因は同じね!

それを防ぐために、まず表面を焼いてから
蒸し焼きにして、肉汁を蒸発させずに
ハンバーグの中に閉じ込めちゃえば…!

なるほど!美味しい
ハンバーグのできあがり!

これからハンバーグは
蒸し焼きの時代だ!!!

はっっ

ジュワッと旨みがあふれる油揚げの鶏ギョーザ

材料（8個／2〜3人分）

- 油揚げ…4枚
- A
  - 長ねぎ…1本
  - ニラ…1/2束
  - しめじ…1/2株
  - 大葉…8枚
- B
  - 酒、しょうゆ、マヨネーズ…各大さじ1
  - 生姜、にんにく（すりおろし）…各小さじ1
  - 鶏ガラスープの素…小さじ1/2
- 鶏むねひき肉…200g
- ごま油…適量
- 酒…大さじ3

1

油揚げは下処理をしておこう！

Aの長ねぎ、ニラ、しめじはみじん切りに。大葉は千切りにしておこう！

油揚げは、使う前に油抜きをして油の臭みを取るんだ！

お…重っ…！

油揚げの下処理方法

1枚ずつザルにのせる

熱湯を両面に回しかける

水気をしっかり拭き取る

その他にも、熱湯の中に入れて湯がいたキッチンペーパーで油揚げを包み、更にラップで包んで、レンジで30秒チンするなんていう方法もあるよ！

簡単だ!!

2 ボウルに **A**、**B**、鶏むねひき肉を入れ、粘り気が出るまでよく混ぜよう！
油揚げを半分に切って袋状に開いたら、タネを詰めて、切り口を楊枝でとめるよ。

3 さあ、焼いていこう〜！　フライパンを熱してごま油をひき、中火にして**2**を両面焼く。焼き色がついたら酒を加え、ふたをして3分間蒸し焼きに。中まで火が通ったら、完成だ〜！

お好みでからしをつけてね！

豆知識

えっ、お水でジューシー!? 絶品鶏の唐揚げ!

材料(2人分)

- 鶏もも肉…1枚
- A
  - 酒…大さじ2
  - しょうゆ…大さじ1
  - 生姜(すりおろし)…大さじ1/2
  - にんにく(すりおろし)…小さじ1
- 水…適量
- B
  - 小麦粉、片栗粉…各大さじ2
- 油…適量
- レタス…適量

1 鶏肉を一口サイズに切ったらビニール袋に入れ、Aを加えよう。冷蔵庫に入れて、30分浸しておいてね〜!

30分以上浸すと、肉の水分がどんどん抜けてパサパサな仕上がりになっちゃうので時間厳守で!!

つければつけるだけ味が染みて美味しくなるのかと思っていたよ!

ちなみに肉は20分経ったら冷蔵庫から出して、10分間常温に戻しておくことが美味しく揚げるコツ!室温に戻すことで、お肉の外と内の温度差が無くなって、火が均一に通るんだ———!

これは焼く時も同じ!
ステーキ肉などの大きなお肉は冷蔵庫から出して30分ぐらいが目安だよ〜!

それじゃあ、ひき肉はすぐに室温に戻っちゃうね。
気をつけなきゃ〜

2 1の袋から鶏肉を取り出し、別のビニール袋に入れ、水を多めに加えて20〜30回もみ込む！ その後、キッチンペーパーで水分を拭き取り、Bを混ぜたものをバットに入れて鶏肉にまぶそう。

エ〜〜〜！
水でもむの！？ 味は！？薄くならないの！？！？

3 170〜180℃の油で2の鶏肉を揚げていくよ〜！ キツネ色になる前に一度鶏肉をバットに出して、3〜4分待とう。

その後、再度鶏肉を180℃の油で揚げ、程良いキツネ色になったら完成だ〜〜！ 皿にちぎったレタスを敷いて、盛り付けてね。

味見させてくれ…
味見させてくれ…
ウオオオ…

一度取り出して余熱で肉に火を通すのが美味しさのポイントだよ！半ナマも、焦げも防げる！

これで中はふっくら〜
二度揚げでサクサク〜

豆知識

二度揚げで中はふっくら、外はカリカリになるのはわかったけれど…いまだになぜ水を入れて肉をもんだのかが謎だ〜！

つけダレに塩分が入っているよね？？これに肉を入れておくと、どんどん肉の旨みや水分が外へ出てしまうんだ！さっき1で言ったけれども！

へぇ！じゃあ、これはパサパサになった状態なのか…

そこで！

水を20回程もみ込んであげる！すると肉がその水分を吸い込むのでジューシーな仕上がりになるんだ！

ただし、長時間水に漬したら下味が抜けちゃうので注意！30秒くらいなら抜けないので気にしなくてOKだよ〜！

パチ パチ パチ

ふわふわトロ〜な豚ニラ玉！！！

材料（2人分）

- 豚こま切れ肉…150g
- 塩、こしょう…各少々
- にんにく（すりおろし）…小さじ1
- 片栗粉…大さじ2
- 油…適量
- ニラ…1束
- A
  - 酒、しょうゆ…各大さじ1と1/2
  - 鶏ガラスープの素…小さじ1と1/2
- B
  - 卵…3個
  - マヨネーズ…大さじ1

1

豚肉に塩、こしょうとにんにくをもみ込んでね。

にんにくの風味をつけておくととっても美味しくなるんだよ〜！

豚肉に片栗粉をまぶしたら、フライパンを熱して油をひいて炒め、火が通ったら取り出しておこう。

お肉をやわらかくするコツはおなじみの片栗粉っ水分と旨みを逃さずに調理できちゃうよ！

シャキシャキとろ～ん！豚肉のレタス巻き！

材料（8個／2人分）

- 豚バラ肉…8枚
- 塩、こしょう…各少々
- プロセスチーズ…2個
- レタス…4枚
- 片栗粉…適量
- ごま油…適量
- A
  - 酒、しょうゆ、みりん…各大さじ2
  - 砂糖…小さじ1
  - 生姜、にんにく（すりおろし）…各小さじ1
  - ごま油…小さじ1/2
  - コチュジャン…好みで

1
まずは下準備！
豚肉に塩、こしょうをふっておいてね。

チーズはそれぞれ4等分に。レタスは洗って耐熱皿にのせ、軽くラップをかけ、電子レンジで1分加熱しよう～！

加熱したレタスは熱いから気をつけてね！
水気が出ていたら、手でギュッとしぼろう

レタスが冷めてからキッチンペーパーで
水気を拭き取っても良いよ～

2 1の豚肉に片栗粉を軽くまぶしたら、レタス適量とチーズ1かけを置き、一緒に巻いていこう！　これを8個作って、再度全体に片栗粉を適量まぶしてね。

片栗粉を軽くまぶす　　レタスを置く　　チーズを置く　　一緒に巻く　　上手に巻けました

楊枝を刺して固定しておくと
焼く時にキレイに仕上がるよ！

3 フライパンを熱してごま油をひき、中火で**2**を焼いていくよ。ころころ転がしながら焼き色をつけたら、**A**を投入し、肉に絡めたら完成だ〜っっ！

肉の巻き終わりを下にして焼くと上手にくっつくよ！
くっついてから楊枝を取って豚肉をコロコロ〜っ

✿ アレンジでンンンまい〜！ ✿

エノキ　　オクラ　　ナス　　長いも　　トマト

シャキシャキの　　ネバトロオクラと　　加熱したナスが　　しゃき！ほっくり！　　一口嚙むたびに
歯ごたえが良い〜　　豚肉の相性は抜群　　トロうま〜！　　食感が楽しい　　とってもジューシー

色んな野菜でアレンジしてみて！
味付けは市販の焼肉のタレでも
美味しくできちゃうよ〜っ！

片栗粉のおかげで肉汁が
逃げず、とってもジューシー

冷めても美味しいから
お弁当にもぴったりだねえ

レンジで5分!? お手軽小籠包!

材料（15個／2人分）

A
- 水…100cc
- 鶏ガラスープの素…小さじ1
- 粉ゼラチン…4g

B
- 豚ひき肉…100g
- 長ねぎ(みじん切り)…5cm
- 酒…小さじ1
- 生姜、にんにく(すりおろし)…各小さじ1/2
- しょうゆ、砂糖、ごま油…各小さじ1/2

■ 餃子の皮(大判／直径9cm)…15枚
■ キャベツ…100g

1

耐熱容器に**A**を入れて、電子レンジで20秒加熱！よく混ぜて、ゼラチンを溶かそう。

ボウルに**B**を入れてよく混ぜたら、**A**のゼラチン液を投入！　冷蔵庫で30分〜1時間冷やしてね。

しっかり冷やして、ゼラチンをかためることが美味しく作る秘訣だよ〜っっ

2 餃子の皮を手に取り、皮全体をまんべんなく水で軽く濡らして、15等分した**1**のタネを包んでいくよ〜！

 →  → → → →

4つギャザーを作る / タネをのせる / ギャザーを倍に増やす / ギャザーを上に集めて… / 向きを揃えたら / ひねるようにまとめる！

3 大きめの耐熱の平皿に千切りしたキャベツを敷き、**2**の小籠包を隣とくっつかないようにのせていこう！ 濡らしたキッチンペーパーを小籠包が見えないようにそっとかぶせて、ふわっとラップをしてね。

あとは電子レンジで5分チンすれば、完成〜！！！！！

豆知識

豚肉で絶品！レモンバジルソーセージ

材料（4本／2人分）

- A
  - 豚ひき肉…200g
  - にんにく（すりおろし）、砂糖…各小さじ1
  - 塩、粗びき黒こしょう…各小さじ1/2
  - レモンの皮（みじん切り）…〜10g
  - ナツメグ、クミン…各適量
  - バジル（乾燥）…好みで
- 酒…30cc
- 氷…1個
- 小麦粉…大さじ1

1

ずもも…

水と氷

ボウルを2つ用意！ 1つに水と氷（分量外）を張って、その上にもう1つのボウルをのせ、Aを入れて粘りが出るまでこねよう〜！

肉をこねる前に塩を加えると弾力のあるジューシーな仕上がりに！
肉をこねた後に塩を加えるとふっくらした仕上がりに！

そこに酒と氷を投入！ 肉ダネになじんだら、小麦粉を加えて、ねっとりするまで混ぜてね。ボウルにラップをしたら冷蔵庫に入れて、30分休ませるよ。

このレシピは、いかに豚肉を冷やしながら作るかが美味しさのコツだよ〜！
温かいと、豚肉の美味しい脂がどんどん流れ出てしまうからね〜

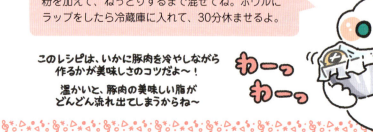

わーっわーっ

2

冷蔵庫から出して一度混ぜたら、4等分してね。ソーセージの形になるようにラップで包んだら、更にその上からアルミホイルでくるもう。水が入らないように、隙間なく巻きつけて！

タネを
ラップにおいて　→　きつめに
まきまき〜　→　両端を輪ゴムで
とめて形を整えて　→　大きめの
アルミホイルで　→　きっちり
くるもう〜！

3

フライパンに水を張り、イラストのように皿を組み合わせたら、蒸し器の完成！　ソーセージを弱火で10分蒸し、粗熱が取れたらアルミホイルとラップを剥がして、できあがり〜！

ソーセージ　／　ふた　／　皿1　／　皿2（逆さに置く）　／　水（皿1が浸らない量）

·°·☆· アレンジでンンンまい〜！ ·☆·°·

しそごまソーセージ

鶏ひき肉200g

A
- 塩小さじ1/2
- 生姜すりおろし小さじ1
- 大葉10枚（千切り）
- ごま大さじ1

- 酒30cc
- 氷1個
- 小麦粉大さじ1

作り方は一緒で、豚肉→鶏肉に置き換えて作るよ！こちらは、さっぱりした和風のソーセージ。大葉の香りとプチプチしたごまの食感が美味しいっお好みでからしをつけて召し上がれ〜！

COLUMN2
おでんの翌日に！

しみしみ豆腐のとうめし

（豆腐2丁/4人分）

① おでんの残り汁600ccに、砂糖60g、しょうゆ60cc 酒100ccを入れて火をつける

② 豆腐2丁（各300g）を半分に切り、①の中に入れる 弱火で30分〜煮込んだら、自然に冷めるまで待つ

③ とうめしを食べる前に②を温め直す どんぶりにご飯をよそい、豆腐と汁をかけて召し上がれ

どっしり木綿派？さらり絹派？

おでんの炊き込みご飯

（2合分）

① お米2合を研いだら水をきり、2合の目盛りまでおでんの残り汁を入れる

② 余ったおでんの具を好きなだけ刻んで①に加え炊飯スイッチをONするだけ！

3章 とっつっても簡単な魚介のレシピ

なんだか難しそうな気がして、なかなかチャレンジできない魚介料理。そんな悩みがふっとんじゃう簡単レシピを教えるよ！

魚介をもっと美味しく！

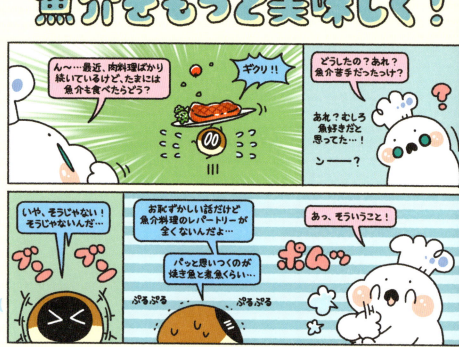

ふっくら〜旨みたっぷり あさりの酒蒸し

材料 (2人分)

- あさり…1パック(300g)
- A
  - 水…250cc
  - 塩…大さじ1/2
- B
  - 酒、水…各40cc
  - にんにく(薄切り)…1片
  - 青ねぎ(ざく切り)、
  - 赤唐辛子(半分に切る)
  - …各好みで

1 あさりの砂抜きをするよ〜！

ヨッシャ！まかせろ〜〜っ！

あさりを平たいバットなどに出す
できれば食器受けのように
二層になっているものを！

(100円均一に売っているよ
二層のおかげで、吐き出した砂を
再び吸うのを防げるんだ！)

Aの塩水を、あさりが
半分浸るまで入れよう

(たくさん水を入れると
貝が呼吸できなくて
死んでしまうことも…)

まな板などを置いて
暗くしておいてね

(スーパーで買ったものならば
このまま2〜3時間放置！)

あらかじめ、あさり同士を
こするようにして、
キレイに洗ってあげてね

ガチャガチャ

この時、口を少し開いた貝は
死んでいるので取り除こう〜っ

貝柱の閉じる力が弱くなって
いるから開いちゃうんだ…

へ〜っ

2

鍋に1のあさりとBを入れたら、ふたをして中火で蒸し焼きにしよう。あさりの口が1つ開いたら、火を止めて！

エーーーッ！全部貝が開くまで加熱しておかなくて良いの！？

ふっふっふ…これがふっくら美味しく仕上がるコツなのだよ！

3

ふたをしたまま2分待てば、完成だよ〜！

あらかじめにんにくとねぎをバター10gで炒めてから作っても美味しいよ〜っ

貝のスープがンンンまい〜〜

豆知識

ふっくら仕上げるコツその1「酒と同量の水！」たくさんの蒸気であさりを蒸すのがポイント！

その2は、貝が1つ開いたら「火を止めること！」加熱しすぎると、身がかたくなっちゃうんだ…

それと、これは余談なのだけれど砂出しした後のあさりをザルに出して濡らしたキッチンペーパーをかけ、室温で1時間〜半日置いておくと旨みが、最大約7倍にUPするよ！

是非、時間がある時に試してみてほしい〜！

あさりの旨み＝コハク酸なのだけれど、これは地上に出てあさりがストレスを感じることでたくさん分泌されるんだ！

じゅるり…

ス…ストレスが美味しくさせる…だと！？

ただし、12時間以上経つと、コハク酸が苦味に変わってしまうので時間厳守で調理してね！

1〜3時間でも十分効果があるよ

いしもちで簡単！アクアパッツァ！

材料（2～3人分）
- あさり…1パック(300g)
- いしもち…2尾
- オリーブオイル…適量
- A
  - にんにく(みじん切り)…2片
  - 赤唐辛子…1本
- B
  - プチトマト…10個
  - しめじ(ほぐす)…1/2株
  - 白ワイン…200cc
  - ローリエ…1枚
- 塩、こしょう…各少々
- イタリアンパセリ、オレガノ(乾燥)…各好みで

1 まずは下準備！あさりは砂抜きをするよ。

あさりの砂抜きのやり方は52ページを参考にしてね！

いしもちはよく洗って、はさみでエラを、包丁で内臓とウロコを取り除く。
次に、お腹の部分にバツ印に切り込みを入れておこう～！

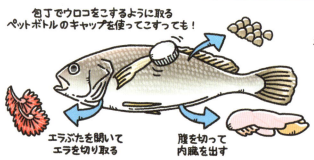

包丁でウロコをこするように取る
ペットボトルのキャップを使ってこすっても！

エラぶたを開いてエラを切り取る

腹を切って内臓を出す

エラがとても泥臭いのでチョキチョキ
はさみで作業するととっても楽チン♪
最後にもう一度キレイに洗ってね！

2

フライパンを熱してオリーブオイルをひき、Aを炒めよう。
良い香りがしてきたら、いしもちを投入！ 両面に軽く焼き色をつけてね！

後で煮るので、いしもちは
完璧に火が通らなくてOK〜！

ほわわわわ〜〜〜！
とっても良い香り〜っっ

3

2のフライパンにBを加え、汁をいしもちにかけながら煮ていくよ〜！
全体に火が通ったら、あさりを加えてふたをし、中火で蒸し焼きに。
あさりの口が1つ開いたら、火を止めて、そのまま2分待とう。

この待っている時間に
美味しくなっているのだね…
わくわくが止まらない…！

あとは塩、こしょうで味を
調え、イタリアンパセリや
オレガノを添えて完成〜！

残り汁にパスタを絡めるもよし！
バゲットを浸すもよし！
ご飯を入れてリゾットにするもよし！

お〜い！一人で
食べちゃうぞ！

◦°˚ 豆知識 ˚°◦

は〜！美味しかった〜！
それにしてもアクアパッツァって
随分とおしゃれな名前だよね

ふふふ…確かに聞こえはおしゃれ！
でも、この料理って実は南イタリアの郷土料理で、
トマト・貝類・オリーブ・にんにくなどの具材と共に
白身魚をまるごと鍋に投入して、白ワインと水で
煮て作る豪快な漁師料理なんだよ〜〜〜

「アクア＝水」「パッツァ＝暴れる」
漁師が船の上で作るのだけれど
船の揺れで鍋の中が激しく揺れるから
この名前がついたんだって！

な、な、なんだかとっても
男らしい料理なんだね！
びっくりだ〜！

炭酸でやわらかい〜 タコと里芋の煮物

材料（2人分）
- 茹でダコ…100g
- A
  - 炭酸水、水…各200cc
  - 酒…100cc
- B
  - 生姜(千切り)…1片
  - 砂糖…大さじ1
- 里芋…2個
- C
  - しょうゆ…大さじ1と1/2
  - だしの素…小さじ1/4

1

まず、タコを一口サイズに切ろう！

鍋にタコとAを入れたら、火をつけて沸騰させないように10分煮よう。そこにBを加え、更に10分沸騰させないように煮てね。

アクが出てくるので取り除いてね！
タコをやわらかくするには沸騰させないことが大切なんだ！

甘めがよかったらもう少し砂糖の分量を増やしてね！

2

里芋をよく洗ったら両端を切り、それぞれまるごとラップをして、電子レンジで3分半加熱！ 程良く冷めたら、指で押すようにして皮を剥き、一口サイズに切ろう。

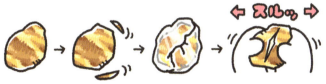

里芋って皮を剥いてから加熱すると思っていたよ～！！
びっくりする程簡単にスルッと皮が剥けちゃった！！

3

1の鍋に2の里芋、Cを加えたら、アルミホイルで落としぶたをして、1時間極弱火で煮詰めれば完成だ！

40分あたりで一度様子を見てあげて！タコがやわらかければOK

タコってこんなにやわらかく煮えるんだね…いつもゴムみたいにかたくなってた…

豆知識

思わず叫ぶ美味しさ！牡蠣のバターソテー

材料（2人分）

- 牡蠣…1パック
- A ┌ 水…200cc
    └ 塩…小さじ1
- 塩、こしょう…各少々
- 片栗粉…適量
- オリーブオイル…適量
- にんにく（薄切り）…1片
- バター…5g
- しょうゆ…小さじ1
- 青ねぎ（小口切り）…適量

1

牡蠣をAの塩水で洗おう〜！

塩水が美味しくなるポイントの1つでもあるんだ！

キッチンペーパーで水気を拭き取り、軽く塩、こしょうをしたら、まんべんなく片栗粉をまぶしてね。

傷つきやすいので、やさしく洗ってやさしく水気を拭き取ってね！

ふむふむ…

2 フライパンを熱してオリーブオイルをひき、にんにくを炒めて油に香りを移したら、バターを投入！ バターが溶けたら**1**の牡蠣を加え、両面を焼いていこう。

牡蠣を焼きはじめたら、箸であまりいじりすぎないこと！形も崩れずカリッと仕上がるよ！

3 牡蠣に火が通ったら、しょうゆを回しかけ、なじませたら完成！皿に盛り付けたら、青ねぎを散らして、アツアツを召し上がれ〜！

しょうゆじゃなくて、塩こしょうで味付けしても美味しいよ〜！
片栗粉が旨みを閉じ込めてとってもジューシー！

そういえば…鶏肉でもこの方法を使って美味しく仕上げていたよね！

豆知識

にんにくの香りで食欲UP！アジの南蛮漬け！

材料（小アジ12尾／4人分）

- 小アジ…12尾
- 塩…少々
- 片栗粉…適量
- 油…適量

A
- 玉ねぎ（薄切り）…1/2個
- にんじん（細切り）…1/2本
- ピーマン（細切り）…2個
- にんにく（薄切り）…1片
- 赤唐辛子（輪切り）…1〜2本

B
- 水…150cc
- 酢…大さじ4
- しょうゆ、砂糖…各大さじ2
- みりん…大さじ1と1/2
- だしの素…小さじ1

1

小アジのゼイゴ、内臓、背びれ、胸びれを取り除き、水洗いしたら軽く塩をふって、少し置いておこう！

塩をふって、出てきた水分には魚の生臭さがたくさん！これを拭き取ることで臭みを取るよ

キッチンペーパーで水気を拭き取ったら、片栗粉を全体にまんべんなくまぶしてね！

だいぶ小さい豆アジなら内臓、ゼイゴ、背びれ、胸びれはカットせずに揚げてOK！
ぼくはアザラシだから生魚も好きなんだけれど

2

鍋や深めのフライパンで油を160℃に熱し、1の小アジを弱火でじっくり揚げていくよ～！

弱火でじっくり揚げるか2度揚げをすることで骨まで食べられるよ～！

ジュワァァ

3

粗熱が取れたら小アジを密閉式保存袋に入れ、Aを加えよう。混ぜ合わせたBを注ぎ、冷蔵庫に入れてね。

結構野菜が多めなので、袋を2つに分けて、魚と野菜をそれぞれ2等分して入れると良いよ！

ウオオオ…

半日～1日なじませたら、完成～っっ！

にんにくの香りがとっても良いね～！

もぐ もぐ もぐ

・。アレンジでンンンまい～！。・

サバとナスの南蛮

サバ(三枚おろし)1/2尾
塩少々
片栗粉適量
油適量
ナス乱切り1本

A
玉ねぎスライス1/4個
にんじん細切り1/2本
ピーマン細切り1個
にんにくスライス1片
唐辛子1～2本

ナスがジュワ
ンンンまい～

B
水150cc
酢大さじ4
しょうゆ・砂糖各大さじ2
みりん大さじ1と1/2
だしの素小さじ1

サバは腹骨を削いで骨を取り塩をふって水気を拭き取り片栗粉をまんべんなくまぶしてから揚げるその後、ナスも素揚げしよう！後は同じ作り方でOK～！

くれ～っ
くれ～っ

COLUMN3
高野豆腐のレシピ

ぼくんは高野豆腐は好きかな？今日はそれを使ったレシピを紹介しようと思うのだけれど！

う〜〜ん！嫌いではないけれどめったに自ら食べないかもしれない！

それは本当にもったい無い！実はすごく体に良いよ〜

高野豆腐は、豆腐を凍らせて、熟成、乾燥させたものなんだ、たんぱく質は豆腐の7倍、カルシウムは5倍、鉄分は7倍含まれている！
高野豆腐は、豆腐を凍らせる時に、たんぱく質が変化して難消化性の食物繊維的な働きをするようになる！これは、コレステロールを抑制したり、消化吸収・代謝UP効果があるよ

へえ！そうなんだ〜！これは積極的に食卓に取り入れたくなるね！

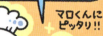
マロくんにピッタリ!!

低カロリーで太りにくいたんぱく質食品である高野豆腐は、健康的にダイエットをするには良い食品だよね〜っ！

カリカリトロトロ揚げ高野豆腐

(高野豆腐3個分)
① 高野豆腐を水(お湯でもOK！)で戻す

水にしょうゆ大さじ1、だしの素大さじ½を加えると更に美味しく仕上がるよ！

② 完全に高野豆腐が戻ったら、水分をぎゅっとしぼり1個を6等分にして、大きめのボウルに入れる
そこに片栗粉をふりかけ、まんべんなくまぶす

③ 深めのフライパンか鍋に油を入れ、高野豆腐を入れてから
火をつけ、弱火〜中火でじっくり揚げる

この冷たい油からじっくり揚げるのがトロトロになる秘訣！

冷たいまま!?
冷たいまま!?

ふふ…

④ フライパンにAを入れて煮立たせ、とろみをつける
③の高野豆腐を皿に盛ったら餡をかけ、お好みで
大根おろし100gをのせ、青ねぎを散らす

A　水150cc　　　　　　　しょうゆ小さじ1
　　だしの素小さじ½　　　生姜すりおろし小さじ1
　　みりん大さじ1　　　　片栗粉小さじ2

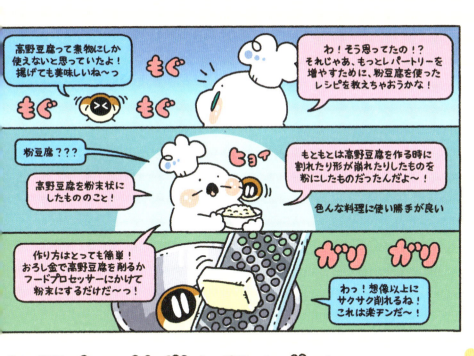

粉豆腐で簡単！卵の花！

2～3人分

① 高野豆腐40gをおろし金ですりおろす（フードプロセッサーでもOK！）

② フライパンを温めたら、ごま油を適量入れ、適当な大きさに切ったAを加え炒めていく

```
にんじん1/2本
しいたけ3個
枝豆50g
油揚げ1枚
（油抜きをする）
```

③ ②がしんなりしてきたら、粉豆腐とBを加え10分弱火で煮て味を染み込ませる

```
砂糖大さじ2
しょうゆ大さじ1
みりん大さじ1
塩小さじ1/2
だしの素小さじ1/2
```

④ ③に溶き卵1個分を回しかけたら、ふたをして2分弱火で煮る

粉豆腐でヘルシー鶏つくね

(16個分)
① 高野豆腐40gをおろし金ですりおろす
② ボウルに①とAを加えてよく混ぜる

A {
鶏ひき肉300g　　　おろし生姜小さじ2
玉ねぎ½個　　　　片栗粉大さじ2
レンコンみじん切り70g　塩、こしょう各少々
大葉千切り10枚　　味噌大さじ1
卵2個
}

レンコンのシャキシャキが良いアクセントになる！

③ ②を16等分して小判形に整える
フライパンを温めたら、油をひき、肉ダネを中火で焼いていく
両面良い焼き色がついたら、酒大さじ2を入れて弱火にしてふたをし、2分間蒸し焼きにする

④ ふたを開けてBを加えたら、つくねに絡ませて完成〜！
仕上げに小口切りにした青ねぎを散らす

B {
しょうゆ大さじ1と½
みりん大さじ1と½
砂糖小さじ1〜
ごま適量
}

卵黄を絡めながら食べるととっても美味しいよ〜！
中にチーズを入れても♪

レンコンの代わりに、鶏の軟骨をみじん切りにしたものを使用するとまた、違う食感で美味しい！

筋を取ったアスパラに片栗粉をまぶして肉ダネを巻いて焼けばアスパラつくね！
しいたけの軸を取り、裏面に片栗粉をまぶし肉ダネを詰めて焼けばしいたけつくね！
などなど…アレンジも楽しんでみてね〜

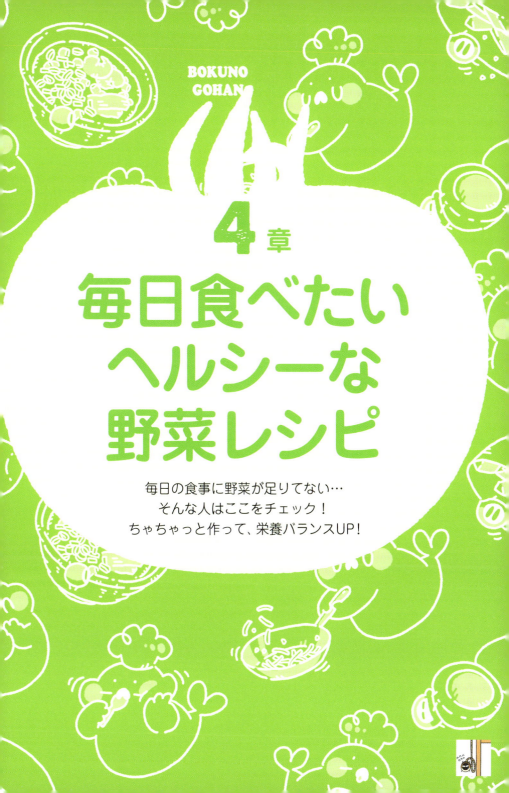

アボカドわさび混ぜ豆腐

材料（2人分）
- 木綿豆腐…1/2丁
- アボカド…1/2個
- プチトマト…4〜5個
- きゅうり…1/2本
- A
  - しょうゆ…大さじ1
  - わさび…適量

1 耐熱皿にキッチンペーパーを敷き、木綿豆腐をのせて電子レンジで2分チン。その上にキッチンペーパーを敷いて、皿などの重しをのせ、20分待とう！水気がきれたら、さいの目切りにしてね。

500Wで2分チンする → キッチンペーパーを豆腐にのせる → 皿などで重しをする

水をきることで濃厚に！絹ごし豆腐でも美味しく作れるよ！

アボカドはさいの目切りに、プチトマトは4等分に切って、きゅうりは小さめの乱切りに！

2 ボウルに1とAを入れ、よく混ぜたら完成〜〜！

アボカドは変色しやすいのでレモン汁をあらかじめかけてから他の材料と合わせると良いよ〜っ

ヘルシー濃厚カプレーゼ

材料 (2人分)
- ヨーグルト…250g
- トマト…1個
- オリーブオイル…適量
- A ┌ 塩、粗びき黒こしょう、
    └ バジル(乾燥)…各適量

1 ヨーグルトをコーヒーフィルターに入れてラップをかけ、冷蔵庫で1日〜1日半水をきろう。フィルターからヨーグルトを崩れないようにそっと外したら、まな板にのせ、1cm幅にカットしてね！

2 トマトを薄めのくし形切りにして、皿に**1**のヨーグルトと交互に並べる。オリーブオイルを回しかけ、**A**をかけて、召し上がれ〜！

絶品！枝豆のペペロンチーノ

材料（2人分）
- 枝豆（さやつき）…150g
- オリーブオイル…大さじ1
- にんにく（みじん切り）…1片
- 赤唐辛子（輪切り）…1/2本
- 塩…小さじ1/3

1
枝豆は冷凍なら流水や電子レンジで解凍し、生なら茹でておこう！

フライパンを熱してオリーブオイルをひき、にんにくを弱火でじっくり炒める。香りが出たら、赤唐辛子を加えて更に炒めよう。

枝豆はサッと火を通すだけなので食べられる状態にしておこう！
オリーブオイルがない場合は普通の油でもOKだよ〜〜〜！

唐辛子は細かく輪切りにすればするほど辛くなるので注意。
辛いのが苦手なら、半分に切るだけでも十分だよ〜〜〜

2

枝豆を加え、さっと炒めたら、塩を投入！
全体になじませれば、完成だよ〜〜〜！

ペペロンチーノ以外にも、バター小さじ2で枝豆を炒めてしょうゆを回しかけたバターしょうゆ味も美味しいよ！！！

ごま油で炒めて、塩をかけるだけでもンンンまいーっ

野菜で!?中華クラゲもどき

材料（2人分）
- 切り干し大根…30g
- きゅうり…1本

A
- 赤唐辛子(輪切り)…〜1/2本
- しょうゆ…大さじ1と1/2
- 酢…大さじ1
- 砂糖…小さじ1と1/2
- ごま油…小さじ1
- だしの素…小さじ1/2

1

切り干し大根は15〜20分水に浸し、ギュッとしぼろう！

早く戻したいからといってお湯に浸すのはNG！
たっぷりの水で戻してあげてね

その後、水洗いをして砂や埃を
落としてから、ギュッとしぼろう！
意外とゴミが出てくる〜っっ

2

ボウルに1の切り干し大根、千切りにしたきゅうり、
Aを加えて混ぜ、冷蔵庫で冷やして召し上がれ〜！

ふふふ…本当だ！
中華クラゲの食感に似てるね〜

切り干し大根ってそのままでも
食べられるんだね！
ポリポリしてて面白い！

もちもちシャクシャク！レンコン大根もち！

材料（3～4人分）
- 大根…150g
- レンコン…100g
- A
  - レンコン（みじん切り）…50g
  - 青ねぎ（小口切り）…1/3束
  - 紅生姜（みじん切り）…30g
  - 片栗粉…大さじ3
  - 干しエビ…大さじ2
  - ごま…大さじ1
  - だしの素…小さじ1/2
- ごま油…適量

1 まず、大根をすりおろし、水気をきったらボウルに入れるよ。150g→80gになるくらいまで、手でギュッとしぼろう！

このまま使うと大根の水分が多いのだよね～

そこにレンコンもすりおろして加えてね！

後でレンコンのみじん切りも入れることでシャクシャク食感になってンンンまい～！

2

1のボウルにAを加えて混ぜよう。

早く焼いて！
早く焼いて！

3

フライパンを熱してごま油をひき、2を大さじ1くらいずつ、平たく形を整えて焼いていくよ！　中火で香ばしく焼いたら、裏返してふたをし、弱火で2〜3分焼いてね。

両面に程良い焼き色がついたら完成。皿に盛り付けて〜！

ごま油の良い香りともちもちシャクシャクがたまらない〜っ

ポン酢＋からし・七味をつけて食べても美味しいよ！

わ〜！ぼくも食べる！

♪ アレンジでンンンまい〜！ ♪

もち　もち

ベーコンチーズ
レンコンもち

大根150g
レンコン100g
油適量

A ｛
レンコン50g（みじん切り）
お好みのチーズ適量
ベーコン50g
片栗粉大さじ3
鶏ガラスープの素小さじ1/2
塩、こしょう各適量

作り方は基本的に一緒！
チーズは、粉チーズ、プロセスチーズ
溶けるタイプのチーズどれでもOK！
おつまみにもサイコ〜だよっ♪

マロくんっておつまみ作ること多いよなぁ〜

ナス+塩で!? ヘルシー麻婆ナス!

材料（3〜4人分）

- ナス…3本
- 塩…適量
- ピーマン…2個
- ごま油…適量
- 生姜（みじん切り）…1片
- にんにく（みじん切り）…1片
- 豚ひき肉…150g

A
- 水…200cc
- オイスターソース…大さじ1
- 豆板醤…大さじ1/2〜1
- 片栗粉…小さじ2
- 鶏ガラスープの素、しょうゆ、砂糖…各小さじ1

1 ナスを縦8等分に切って塩を全体に軽くふり、10分程置いておこう。ピーマンも縦8等分に切るよ。

ナスの水で塩を洗い流したら、キッチンペーパーでしっかり水気を拭き取ってね！

実はこれが、ヘルシーな麻婆ナスに仕上げる秘訣なんだ〜！

えっ…!?!?!?
塩をふっただけだよ!?

2 フライパンを熱してごま油をひき、生姜とにんにくを炒めて香りを出そう！ そこに、豚ひき肉を加えて炒め、火が通ったら**1**のナスとピーマンを加えて、更に炒めるよ。

3 全ての材料に火が通ったら、混ぜ合わせた**A**を加え、とろみがついたら完成だ〜！

片栗粉が底に溜まってしまうので、よく混ぜてから投入してね〜っ

豆知識

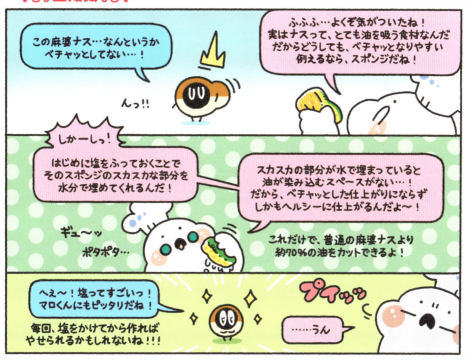

レンジですぐできる！お手軽な茶碗蒸し！

材料（2人分）

A
- かにかま…3〜4本
- しいたけ…1個
- ぎんなん(水煮)など好みの具材…適量
- 三つ葉…少々

B
- 卵…1個
- 水…150cc
- だしの素、しょうゆ、みりん…各小さじ1/2

1

まず、Aの材料を好みの大きさに切っておこう！

かにかまは割いて…しいたけはスライス…
三つ葉はキレイなところを用意しておこうっと♪

ボウルにBの材料を合わせて混ぜたら、茶こしなどで卵液をこしておこう。

卵は泡立てないように気をつけて混ぜてね！
卵液をこすことで滑らかな食感になるよ〜

アッ…エッ…

モコ…

モコ…

2

Aの具材を小さめの湯呑みなどに2個に分けて入れたら、その上からそっと1の卵液を流し入れよう〜。

三つ葉は最後にのせると良いよ〜

3

2にふんわりラップをかけたら、200Wの電子レンジで7分チンすれば完成だ〜！様子を見て、かたまっていなかったら、追加で加熱してね。

使用するレンジによって、時間に誤差が出るので調整してね
プルプルと弾力が出ていればOK！

夏は冷やしてから食べてもンンンンまーーーっ！

♪ アレンジでンンンまい〜！ ♪

中華風茶碗蒸し

A｛ 小エビ4匹
コーンお好みの量
メンマお好みの量

B｛ 卵1個
水150cc
しょうゆ小さじ$\frac{1}{2}$
中華だしの素小さじ$\frac{1}{2}$
青ねぎみじん切り適量

作り方は一緒！
仕上げにごま油を垂らしたり
ラー油を回しかけると
本格的な味になるよ〜っ

COLUMN4
作り置きの小鉢レシピ

ヨーグルトできゅうりの漬物

(きゅうり3本分)

① きゅうりをよく洗い、水気をきったら密閉式保存袋に入れる
　Aを加え、空気を抜いて袋の口をしっかりと閉じて、2日(できれば3日)そのままつけ込む

A {
　ヨーグルト200g
　味噌50g
　しょうゆ50cc
　砂糖25g
　にんにくすりおろし小さじ1
}

② 軽く洗って、好みの大きさにカットする

ヨーグルトなのに
ぬか漬けみたいな
味がするんだね〜

ナッツが決め手の味玉

(卵8個分)

① 卵は冷蔵庫から出して、常温に戻しておく
　鍋に湯を沸かし、卵をそっと入れて6分間茹で、流水にあてながら殻を剥く

② アーモンド60gをビニール袋に入れ、めん棒などで叩いて砕く(包丁で刻んでもOK！)
　それをフライパンに入れて香ばしい香りになるまで煎る

③ 密閉式保存袋にAを入れ、その中に①の卵を入れ、空気を抜いて冷蔵庫で2〜3日つければ完成

A {
　めんつゆ150cc
　しょうゆ大さじ1
　酒大さじ1
　だしの素小さじ1
　②のアーモンド
}

やわらかめのレシピなので
もう少しかたい方が良い方は
＋1〜2分茹でてね！

一晩置くだけ！トマトキムチ！

(トマト1個分)

① 鍋に湯を沸かし、中央に浅く十文字で切り目を入れたトマトを熱湯につける
　切り目の皮がめくれてきたら、冷水に入れて、手で皮を剥く

② 密閉式保存袋に①のトマトと、千切りにしたミョウガ1個、
　キムチの素を適量入れて、空気を抜き、一晩冷蔵庫でつけておく

③ トマトを好みのサイズにカットする

5章 やっぱり大好き！ご飯のレシピ

白いご飯にのせるだけ、炊飯器に入れてスイッチをONするだけ…などの時短レシピからこだわりの新食感レシピまで！

5分でできる明太とろろ丼

材料（1人分）
- 長いも…60g
- 明太子…30g
- ご飯…どんぶり1杯分
- 卵…1個
- 刻みのり、しょうゆ…各適量

1

長いもをすりおろしたら、中身をこそげ取った明太子と混ぜ合わせよう〜！

長いもは、手袋やビニール袋ごしにすってあげると痒くならないよっ

長いもにはシュウ酸カルシウムという成分があってトゲトゲした形だから肌にちくちく刺さって痒みが出てくるんだ！

痒い部分に酢やレモン汁をつけてモミモミしてからお湯で洗ってあげると痒くなくなるので試してみて〜

シュウ酸カルシウムは酸に弱いんだ！

2

どんぶりにご飯を盛り、その上に**1**をかけ、中央にくぼみを作って卵を落とそう。仕上げに刻みのりをパラパラ散らしてしょうゆを回しかければ、完成〜〜っ！

お好みで七味をかけたりわさびを添えて召し上がれっ

Wビールでチキンクミンご飯

材料（2合分）

- 米…2合
- A
  - 黒ビール、ビール…各180cc
  - 鶏もも肉（一口大に切る）…1枚
  - 枝豆（さやから出したもの）…60g
  - コーン…30g
  - にんにく（薄切り）…2片
  - コンソメ（固形）…1個
  - クミン…小さじ1
  - 粗びき黒こしょう…適量

1

米を研いだら水気をきり、炊飯釜に入れてAを加えよう。

それでは〜〜〜っ、スイッチ〜〜〜ON!!!

えっ!? えっ!? これだけでおしまい!?

鶏もも肉は一口サイズに切って入れよう！あとはお米が炊けるのを待つだけだよ〜！

2

ご飯をよそって、もりもり召し上がれ！

この深い味わい…苦味は無いのに麦の良い香り…ンンンまい〜！

ビールの力でご飯はパラパラ！ビールの力でお肉はやわやわ！まさしく美味しさの秘訣はビールだね

クミンの代わりにガラムマサラを入れてもスパイシーで美味しいし仕上げにパセリを散らしても！

え!?豆腐で新食感!? ふわふわオムライス!

材料(ケチャップライス2合分+卵1人分)

〈ケチャップライス2合分〉
- 米…2合
- A
  - 玉ねぎ(みじん切り)…1/2個
  - ウインナー(みじん切り)…5本
  - ケチャップ…大さじ5
  - バター…10g
  - コンソメ(固形)…1個
  - 塩、こしょう…各少々

〈卵1人分〉
- 絹ごし豆腐…100g
- B
  - 卵…2個
  - 塩、こしょう…各少々
- 油…適量
- ケチャップ…適量

1

米を研いだら炊飯釜に入れて、水を2合の目盛りより少なめに入れよう!

水の量は、だいたい340ccくらいかな〜

Aの材料を加えて、スイッチをONだ〜〜〜!

ポンッと材料を入れてスイッチ1つ!
わざわざオムライスを作らなくても
炊飯器でチキンライスを作ってしまえば
手間がかからずとっても簡単〜っ

2 絹ごし豆腐は耐熱皿に入れ、キッチンペーパーでくるみ、電子レンジで2分チンして水気をきろう！ ボウルに入れて泡立て器でぐちゃぐちゃに潰し、Bを加えてよ〜く混ぜる。

卵を入れてからだと、豆腐が上手にペースト状にならないので、よくよく潰してから卵を入れてね！

豆腐!? 豆腐!? オムライスなのに豆腐!?

3 1のケチャップライスが炊けたら、1人分皿に盛るよ。フライパンを強火で熱して油をひき、2を投入！ すばやく混ぜて、円形に整え、半熟になるまで加熱する。ケチャップライスの上にすべらせるように盛り付け、ケチャップをかけて完成だ〜！

豆腐が入っているので形を作るのが難しい！ 半熟状態のスクランブルエッグを作ってンライスにのせるほうが失敗しにくいのでオススメ

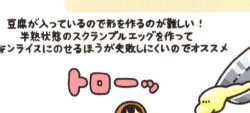

豆知識

とっても簡単＆ヘルシー！ビーフストロガノフ！

材料 (3人分)

- 米…2合
- A
  - 玉ねぎ(みじん切り)…1個
  - 水…340cc　バター…大さじ2
  - コンソメ(固形)…1個
- 牛もも肉…200g
- 塩、こしょう…各少々
- 片栗粉…大さじ2〜3
- B……水…200cc　コンソメ(固形)…1/2個
- にんにく(薄切り)…1片
- 玉ねぎ(薄切り)…1/2個
- C
  - マッシュルーム(缶詰)…好きなだけ
  - 塩、こしょう…各少々
- マッシュルームの缶詰の汁…40cc
- 酒…50cc　■ローリエの葉…2枚
- 豆乳…100cc

1

米を研いだらしっかりザルで水をきって炊飯釜に入れ、Aを加えて炊飯スイッチを押して、バターライスを作ろう〜！

炊いている最中の良い香りがたまらないっっ

牛肉を3cm幅に切り、塩、こしょうをしたら、片栗粉をまんべんなくまぶそう。フライパンを熱してバター10g（分量外）をひき、牛肉を焼く。火が通ったら、Bを加えて煮てね。

煮ると、肉の血液やたんぱく質がかたまってアクとなり出てくるのでおたまですくってあげてね！

アクが多いと味に雑味が出たりルーの色が濁ってしまうんだ〜！

2

別のフライパンを熱してバター10g（分量外）をひき、にんにくと玉ねぎを炒めよう！玉ねぎがあめ色になったら、**C**を加えて味を調えて。

塩は、味を見ながら調整して下さい！

マッシュルーム缶は小さいサイズで十分足りるよ～！

マッシュルームの缶詰の汁を入れたら、火を止め、**1**のフライパンと合わせよう。

3

2に酒とローリエを入れて、弱火で10分煮て、水分を適度にとばそう。火を極弱火にして豆乳を加え、なじませたら火を止めて！

ポイントは、豆乳を加えてからグツグツ煮ないこと！！！

分離して見た目も舌触りも悪くなってしまうんだ～っ

へ～！そうなんだ！気をつけようっと…

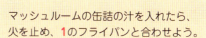

1のバターライスを皿に盛って、ビーフストロガノフのルーをかけ、好みでパセリ（分量外）を散らして召し上がれ～っ！

ビーフストロガノフは、代表的なロシア料理なんだ！本来、サワークリームや生クリームを使うけれどそれを豆乳に代えているのでとってもヘルシ～！

バターライスも美味しいけれど焼いたバゲットを添えてもいいね！

COLUMN5
ヘルシースイーツ

84 ホワイトチョコのスイートパンプキン

(8個分)

① 水小さじ1と、小さめに切ったかぼちゃ100g(皮は除く)を耐熱皿に入れる
　ラップをして2分半〜3分レンジ加熱したら、温かいうちによく潰す

② ①が温かいうちにAを加え、よく混ぜる

A
- ホワイトチョコ1枚(40g)
- 砂糖10g
- 卵黄1個分
- スキムミルク10g
- 刻んだナッツ30g
- 牛乳適量

かぼちゃによって甘さ・水分量が
異なるので調整して加えてね！
牛乳の量の目安は、生地が手で
丸められるやわらかさになるくらい！

チョコは細かく刻んでから加えると
すぐに溶けるよ！

ナッツはフライパンで煎ってから
使うと香ばしくて良い〜！
ぼくはくるみとカシューナッツ！

③ ②を8等分して、好きな形を作る
　フライパンにクッキングシートを敷いたら、
　生地をのせ、弱火で程良い焼き色がつくまで焼いていく
　完全に冷めたら粉砂糖をふってできあがり

ホットミルクを片手に
もぐもぐするのがサイコー！

焼かないアボカドチーズケーキ

(18cmホール型1個分)

① ケーキ型の底と、側面にクッキングシートを貼り付けておく。
ビニール袋にクッキー120g(約16枚)を入れたら粉々に砕き、溶かしたバター40gを入れる。
よく混ぜたらそれをケーキ型の底に敷き詰め、冷蔵庫で冷やす。

クッキーの代わりにビスケットでもOK！

破けやすいのでできるだけ厚手の袋が良い～

型にサラダ油を薄く塗るとシートが貼りやすいよ

ペタ ペタ ペタ

② アボカド1個は皮と種を除き、一度裏ごしし、そこにAを入れてよく混ぜる。

A
- レモン汁15cc
- 砂糖40g
- クリームチーズ150g
- 豆乳(牛乳でも)50cc

クリームチーズはレンジで30秒チンしておくと扱いやすいのでオススメ！

こしたらすぐにレモン汁を混ぜてあげてね！変色を防げるんだ！

了解だーっ!!

③ 小皿に水30ccと粉ゼラチン5gを入れ、ふやかしたら20秒レンジ加熱して②に加え、よく混ぜる。
①のクッキー生地の上に流し入れ、かたまるまで冷蔵庫で冷やせば完成～！

ホールじゃなくココットやバットで作っても良いね！すくって食べるタイプ！

アボカドは森のバターと言われているしカロリーが高いイメージがあるけれど本来使用する生クリームに比べたらカロリーも脂質も半分ですんじゃう！

それに、アボカドの油は太りにくくむしろ脂肪燃焼効果があるし肌はツルツル・血液はサラサラ代謝UP効果&満腹感まで得られる！積極的に食べていきたい食材なんだ！

はっ…マロくんツルツルしてる!?

ツル ツル

COLUMN5

フライパンでできる柿のクラフティ

(フライパン1枚分)

① ボウルにAを入れてダマができないように混ぜる

A｛
卵3個
豆乳150cc
アーモンドプードル20g
砂糖50〜60g
ラム酒(またはキルシュ)大さじ1
バニラエッセンス適量
薄力粉30g
｝

> 洋酒が苦手な場合は抜いて作ってね!

② 柿1個の皮を剥き、いちょう切りにする
フライパンにバター5gを塗ったら①の生地を流す

> フライパンを少し温めるとバターが塗りやすいよ!
> できればテフロン加工のフライパンで作ってほしい

> 側面まで塗ってね

③ 生地の上に切った柿を並べる
タオルを巻いたふたをして、極弱火で15〜20分焼く
周りがほんのり焦げて、真ん中に火が入れば完成!

タオルの上にふたをのせる / ふたをタオルで包む / 上でしぼって輪ゴムでとめる

> このふたをすることで水滴が生地に落ちてこないんだ!

> 15分経ったら様子を一度見てみて!火を入れすぎるとかたくなっちゃうんだ…

温かくても、冷やしてもンまい!
お好みで粉砂糖やシナモンを♪

秋・冬にンンンまい〜柿!実は生で食べるよりも加熱したほうが栄養素もUPするんだ!

へ〜…どうせ、少しでしょ?

なんだ、なんだ感動が少ないなぁ

ストレス抑制作用のガンマ・アミノ酪酸
血液の流れをよくするシトルリンが
加熱後には2〜3倍になり、
新陳代謝UP&むくみも改善するよ!
それに加熱に強いビタミンもたくさんで
柿1個で1日のビタミンCが摂れちゃう!

ということで、イライラしがちのぼくくんは加熱した柿を食べなさい!

ホーラ…落ち着いてきた…

6章
フライパンで作るパンのレシピ

オーブンは必要なし！
フライパンでできるのに、
本格的な美味しさのパン。
焼き立てをどうぞ召し上がれ〜！

週末にパンを作ろう！

肉汁た～っぷりな フライパンDE肉まん

材料（4個分）

A
- 薄力粉…130g
- 砂糖…小さじ1と1/2
- ベーキングパウダー…小さじ1強
- 塩…ひとつまみ
- 牛乳…80cc

B
- 豚ひき肉…100g
- 玉ねぎ(みじん切り)…1/4個
- しょうゆ…小さじ2
- 生姜(すりおろし)、オイスターソース、酒、砂糖、ごま油…各小さじ1

- 薄力粉(打ち粉用)…適量
- ごま油…好みで

1

まずは生地を作っていくよ！
Aをボウルに入れ、ダマができないように混ぜよう。

わーっっ！
わーっっ！

混ざったら、生地を取り出してラップに包み、10～20分常温で寝かせてね。

生地を寝かせることで
扱いやすくなるんだよ～！

ねんねんころりよ～♪
ゆっくりおやすみ～♪

……。

2

生地を寝かせている間に具を作るよ！
ボウルにBを入れて、よく混ぜてね。

玉ねぎはみじん切りにしてね！
切る10〜15分くらい前に
冷凍庫に入れて冷やしておくと
目にしみにくくなるのでオススメ！

3

1の生地を4等分したら、打ち粉をしたまな板にのせ、それぞれ直径12cmくらいの円にのばす。具材も4等分したら、それぞれ生地で包んでいこう！

直径約12cmに / 具を / ギャザーを寄せるようにぐるっと一周 / 完成！
のばす / のせる / 折りたたんでいく / お疲れ様！

肉汁がこぼれないように、とじ目はしっかりくっつけて！
打ち粉でくっつきにくかったら
水で濡らしてあげると良いよ〜

4

え〜〜！
生地が入っているのに
水を入れちゃうの！？

フライパンに3を等間隔に並べたら、水100cc（分量外）を入れ、強火にかける。水が沸騰したら弱火にして、ふたをし、10分間蒸し焼きにしよう。

ふっふっふっ…まぁ、見ててよ！

10分経ったらふたを取り、水気をとばすように焼くよ。
仕上げに好みでごま油を回しかけ、底をカリッと焼けば完成だー!!!

ふわふわで、カリカリで
しかも肉汁がすごいっ！
ンンンンまいーー!!

お好みでからしを
つけて食べてみて！

是非、アツアツに
かぶりついてほしい〜

カリッ！モチッ！イースト菌不使用カルツォーネ

材料（4個分）

A
- 強力粉…250g
- 砂糖…10g
- 塩…ひとつまみ
- 湯…130cc
- オリーブオイル…10cc

- ベーキングパウダー…小さじ1
- 薄力粉（打ち粉用）…適量
- 市販のピザソース…適量
- ソーセージ（斜め薄切り）…1本
- ピザ用チーズ…適量

1

まず、生地を作っていくよ！
ボウルにAを入れてこねよう。

粉っぽくてまとまりにくかったら水分を足して
逆に水っぽかったら強力粉を足してね！

そこにベーキングパウダーを加えて、
更によくこねるよ。

強力粉をよくこねることで
モチッとした噛みごたえある
生地ができるんだよ〜！

2

1の生地を4等分したら、打ち粉をしたまな板にのせ、厚さ5mmの円になるようにのばしてね。

めん棒や、瓶などを使ってのばすと良いよ〜！！

4等分すると大きめ
6等分すると小さめの
仕上がりになる〜

3

生地の端から1.5cmを残してピザソースを塗り、円の中央にソーセージとチーズをのせたら、それを半分に折りたたむ。フォークで端を押して、くっつけよう！

具を入れすぎると折りたためなくなっちゃう…

ピザ用ソースを塗っていく　／　具をのせる　／　半分に折りたたむ　／　フォークで端を押してくっつける

あとは、好みの焼き色になるまで焼いてね！

フライパンにのせ、ふたをして極弱火で7分、ひっくり返して5分焼いたら完成だ〜〜〜！

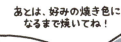
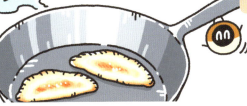

・ෆ・ アレンジでンンンまい〜！ ෆ・

ハンバーグ　　カレー　　シチュー

（ハンバーグ＆千切りキャベツ）　（ルータイプでもドライタイプでも）　（ビーフシチューもンンンまい〜）

りんごをシナモンと砂糖で煮ればアップルパイ風
加熱して潰したさつまいもに砂糖とバターを加えればスイートポテト風になるよ！
気軽にアレンジを楽しんで！

豆腐でもちもちヘルシー野沢菜おやき！

材料（7個分）

- 野沢菜漬け…200g
- ごま油…大さじ1＋少々
- A
  - 酒、みりん…各大さじ1
  - しょうゆ、砂糖…各小さじ1
- B
  - 絹ごし豆腐…150g
  - 強力粉…180g
  - 薄力粉…大さじ4
- 水…30cc

1

まず、たっぷりの水（分量外）を張ったボウルに野沢菜漬けを浸して、塩気を抜いておこう！

そのまま使うと塩辛くなっちゃう…
30分ほど水につけて、塩分を抜いてから調理していくよ〜！

水をしぼり、野沢菜をみじん切りにしたら、フライパンを熱してごま油大さじ1をひき、炒めていくよ。Aを加えて味を調えてね。

うおおお…良い香り…

くんくん

2

ボウルに **B** を入れて、よ〜く こねて！ 生地を取り出し、ラップで包んだら、常温で30分寝かせよう。

時間が無い場合、生地を寝かせる作業は省略してOK！
ただ、こねることで生地に弾力が出てしまっているので
寝かせたほうが、縮みにくくて扱いやすい生地になるよ！

3

2の生地を7等分し、薄く円形にのばそう。
それぞれに具材をのせて、生地を中央に寄せながら包んでね。

円形に のばす　　具を のせる　　生地を寄せて 具を包む　　どんどん 具を包む　　上手に 包めました！

4

フライパンを熱し、薄くごま油少々をひいたら、生地を等間隔に並べよう！　中火で両面に程良い焼き色がつくまで焼いてね。

閉じたところが下になるように並べてね
この向き！この向き！

フムフム…ナルホド〜

水を加えてふたをし、弱火で3〜5分蒸し焼きにすれば完成だ〜！

豆腐が入っているから冷めても
パサパサにならず美味しい〜！
からし+しょうゆをつけて
食べてもGOOD〜♪

具を変えてもいいね！
かぼちゃの煮物を潰したやつとか…
きんぴらごぼうとか…切り干し大根とか…
余ったおかずを入れちゃおう

STAFF

撮 影　　ぼく
デザイン　　五十嵐ユミ（Pri Graphics）
校 正　　玄冬書林
編 集　　森 摩耶（ワニブックス）

もっと！
ぼくのごはん
すぐに作れて失敗知らず！
忙しい人のための魔法の54レシピ

ぼく　著

2015年11月25日　初版発行

発行者　　横内正昭
編集人　　青柳有紀
発行所　　株式会社ワニブックス
　　　　　〒150-8482
　　　　　東京都渋谷区恵比寿4-4-9　えびす大黒ビル
電 話　　03-5449-2711（代表）
　　　　　03-5449-2716（編集部）
印刷所　　株式会社 美松堂
製本所　　ナショナル製本

定価はカバーに表示してあります。
落丁本・乱丁本は小社管理部宛にお送りください。送料は小社負担にてお取替えいたします。
ただし、古書店等で購入したものに関してはお取替えできません。
本書の一部、または全部を無断で複写・複製・転載・公衆送信することは
法律で認められた範囲を除いて禁じられています。

Ⓒboku 2015　ISBN978-4-8470-9397-5
ワニブックスHP　http://www.wani.co.jp/